ORAISON FUNÈBRE

DU

RÉVÉRENDISSIME PÈRE

Dom Prosper-Louis-Paschal GUÉRANGER

RESTAURATEUR DE L'ORDRE BÉNÉDICTIN

EN FRANCE

Abbé de Saint-Pierre de Solesmes

ET

SUPÉRIEUR GÉNÉRAL

De la Congrégation des Bénédictins de France

Prononcée à Marseille le 4 Mars 1875
Dans l'Eglise des RR. PP. Bénédictins

PAR

Le R. Père Dom L. LEMENANT des CHESNAIS, Prieur.

MARSEILLE

TYPOGRAPHIE MARIUS OLIVE
Rue Sainte, 39

1875

ORAISON FUNÈBRE

DU

RÉVÉRENDISSIME PÈRE

Dom Prosper-Louis-Paschal GUÉRANGER

RESTAURATEUR DE L'ORDRE BÉNÉDICTIN

EN FRANCE

Abbé de Saint-Pierre de Solesmes

ET

SUPÉRIEUR GÉNÉRAL

De la Congrégation des Bénédictins de France

Prononcée à Marseille le 4 Mars 1875

Dans l'Eglise des RR. PP. Bénédictins

PAR

Le R. Père Dom L. LEMENANT des CHESNAIS, Prieur.

MARSEILLE

TYPOGRAPHIE MARIUS OLIVE

Rue Sainte, 39

1875

Hommage respectueux de l'Auteur à Sa Grandeur Monseigneur PLACE, Évêque de Marseille.

> Pater mi, Pater mi, currus Israel
> et auriga ejus.
>
> Mon Père, mon Père, char d'Israel
> et son conducteur.
>
> 11 *Reg*, 1 12

Monseigneur,
Mes Très-Révérends Pères,
Vénérables Confrères,
Mes Frères.

Un deuil immense a pénétré dans les pacifiques demeures des fils de saint Benoît. Les voûtes sacrées de nos églises retentissent de nos gémissements; nos cloîtres, nos cellules voient couler nos larmes. Pourquoi cette douleur profonde? Demandez-le à la Mort : Elle est venue frapper à la porte de notre Abbaye-Mère. Elle a réclamé une victime, — quelle victime! — celui pour lequel chacun de nous eut volontiers donné sa vie, — l'homme de Dieu dont le front auguste brillait de la triple auréole de la vertu, du génie et du savoir, — le défenseur intrépide des saines doctrines, — l'athlète de la foi toujours sur la brèche au moment du danger, digne de cette glorieuse épitaphe, la seule, a-t-on dit, qu'il faudrait écrire sur sa tombe : *Apostolicæ doctrinæ præco intrepidus*, — le moine par excellence sur qui s'était reposé, avec une rare plénitude, l'esprit du grand Patriarche des moines en Occident, — notre Père bien-aimé enfin, l'illustrissime et bien regreté

Père Dom Prosper-Louis-Paschal Guéranger, restaurateur de l'ordre Bénédictin dans notre patrie, premier abbé de saint Pierre de Solesmes et supérieur général de la Congrégation des Bénédictins de France.

Vous l'avez connu, mes frères, ce grand abbé, au moins par la renommée, et vous pouvez dès lors apprécier déjà la perte irréparable que nous avons faite et notre douleur.

Plus que d'autres vous avez compris notre deuil et vous y prenez part, Monseigneur, vous qui avez daigné m'écrire : « Votre deuil n'est pas seulement celui de la grande famille » Bénédictine, car votre illustre et saint fondateur tenait » dans l'Eglise une telle place, que son absence devient un » deuil public. »

Merci, Monseigneur, de cet hommage rendu par votre Grandeur au Père vénéré que nous pleurons. Vous ne pouviez lui en rendre un plus grand, mais aussi il n'en méritait pas un moindre, car il a réellement tenu dans l'Eglise, par ses vertus et par ses œuvres, un rang illustre, une place distinguée.

A une demi-heure de chemin environ de la petite ville de Sablé, sur une colline ombragée dominant les bords riants de la Sarthe s'élève un antique monastère qui eut, en 1096, l'honneur insigne d'abriter sous ses voûtes « la majesté du Siège Apostolique », en la personne d'Urbain II, pape bénédictin, parcourant alors la France pour « l'apostolat de la Croisade » ; ce monastère, mes frères, dont l'origine remonte à plus de huit siècles, c'est l'abbaye actuelle de Saint-Pierre de Solesmes.

Quiconque a visité l'église abbatiale a dû admirer les chefs-d'œuvre de sculpture dont sont ornés les deux transepts. Le peuple Manceau dans son naïf langage, nomme ces statues merveilleuses « les saints de Solesmes. » Elles sont réunies en groupes représentant des scènes religieuses, la mise au tombeau de Notre-Seigneur, la mort de la Sainte Vierge, son ensevelissement, son assomption au ciel, et sa vie mystique dans l'Eglise militante d'après la vision de l'aigle de Pathmos.

Un enfant, né à Sablé de parents honorables, le 4 avril 1805, commença dès l'âge de trois ans, de diriger ses promenades du côté de Solesmes. Un attrait mystérieux l'attirait, comme l'aimant attire le fer, dans le vieux cloître bénédictin veuf de ses pieux habitants; dans leur église silencieuse et déserte depuis la grande tourmente révolutionnaire. Avec quelle joie ne franchissait-il pas le seuil à moitié usé par le temps de l'antique monastère ! Il y avait plaisir à le voir parcourir le cloître et les longs corridors, aller de cellule en cellule, examiner les lieux réguliers. Il s'extasiait, nous a-t-il dit plusieurs fois, devant les arcades du cloître, devant les boiseries du réfectoire, devant les tables, les fontaines et les bassins qui avaient servi aux moines. Plus vive encore était l'impression produite sur lui par les nombreuses statues, de grandeur variée, dont les transepts de l'Eglise étaient ornés. Il ne se lassait pas de les voir, il n'en pouvait détacher ses yeux, volontiers il se fut écrié comme Pierre sur le Thabor: *Bonum est nos hic esse.* (Matth. XVII, 4).

Voir n'était pas assez, il voulait savoir. Il multipliait donc les questions, et recueillait avec avidité tout ce qu'on lui racontait de la vie sainte et austère des anciens moines, de leurs offices, de leurs chants, des usages et des coutumes monastiques.

Heureux enfant ! avec de tels goûts, ses joies étaient pures, ses plaisirs innocents ! Les jeux de son imagination enfantine, soit du jour soit de la nuit, étaient des rêves d'or comme inspirés du ciel, car il se représentait les bons vieux moines avec leur costume noir ; les suivait dans leurs différents exercices, au chœur, à l'autel ; admirait la pompe des cérémonies religieuses ; prêtait l'oreille à la divine psalmodie !

Seigneur, combien votre esprit est doux, votre conduite suave, votre providence digne d'admiration ! Dans l'attrait prononcé de cet enfant pour les rites divins et pour les usages monastiques, nous reconnaissons votre action providentielle. Oui, c'était vous, Seigneur, qui jetiez dans son jeune cœur les semences de sa vocation future et de sa grande mission dans l'Eglise, car cet enfant, vous l'avez deviné, mes frères, était Prosper-Louis-Paschal Guéranger.

Toute âme, au moment de sa régénération par le baptême, reçoit, avec la vie surnaturelle de la grâce, les trois vertus infuses de foi, d'espérance et de charité. Semblables aux fleurs du printemps, ces trois vertus ont leur épanouissement.

La joie éprouvée par le jeune Guéranger lorsqu'il visitait le cloître de Saint-Pierre de Solesmes, était en lui le premier épanouissement de la foi, fortifiée par l'espérance et animée par la charité. Celui que nous pleurons a été avant tout un homme de foi. Elle était sa vie ; elle fit naître en lui des rejetons vigoureux, souples et pleins de sève. Chaque jour attestait une croissance et faisait entrevoir pour l'avenir une riche moisson de mérites. La grâce le trouvant toujours docile, le conduisit comme par la main dans la voie lumineuse qu'il devait suivre.

Pour l'accomplissement des grands desseins de Dieu sur lui, il fallait à Prosper Guéranger de fortes études. Il les fit au lycée d'Angers, ville surnommée par quelques auteurs l'Athènes des Gaules. Telle était son ardeur au travail, qu'on l'appelait le moine, parce qu'il travaillait et lisait dès lors avec l'assiduité et le courage persévérant d'un moine. Sa piété sincère attira sur lui l'attention de ses maîtres : ils le chargèrent de réciter les prières communes, fonction sainte, bien agréable à celui « qui devait remettre un jour en honneur les prières liturgiques de l'Église ! »

Le cours de ses humanités étant terminé, il entra en 1822, âgé à peine de dix-sept ans, au séminaire du Mans. Méprisant le monde et sa fleur, il choisit le Seigneur pour la portion de son héritage.

Le mot séminaire signifie « lieu de semences » parce que les jeunes clercs s'y doivent former aux vertus sacerdotales et y acquérir la science ecclésiastique. Prosper Guéranger ne fut jamais en arrière des séminaristes les plus fervents et les plus studieux. Sa foi vive, pareille à la source limpide de l'Eden, d'où naissaient trois grands fleuves qui arrosaient la terre entière et la fécondaient, produisit en lui trois fleuves de grâce : — Une charité ardente dont les effets rejaillirent sur tout ce qui l'entoura ; — un désir véhément de se sacrifier pour Dieu ; — un amour filial et généreux pour l'Eglise, notre Mère, et pour le Pape, vicaire de Jésus-Christ sur la terre.

L'étude de la Théologie offre à l'intelligence humaine des horizons aussi variés qu'étendus. Chaque dogme catholique, chaque principe de morale chrétienne, chaque point de discipline ecclésiastique lui apparaît, quand elle l'approfondit, comme un monde de merveilles, comme un ciel parsemé d'astres, ou pour me servir d'une autre comparaison, comme un océan aux mystérieuses profondeurs sur lequel, tel qu'un navire fendant les flots, l'esprit s'élance, guidé par l'enseignement des Docteurs catholiques, mais par celui surtout du Suprême Hiérarque, comme par des pilotes habiles, entreprend de lointains voyages, et revient chargé de richesses immmenses. Prosper Guéranger s'appliqua, avec son ardeur ordinaire, à ces études salutaires. Sa vaste intelligence, le don d'une sublime intuition des choses divines, l'y mettaient à l'aise. Il s'élevait comme l'aigle, planait à des hauteurs inconnues, et, grâce à son sens droit, à son jugement exquis, aidé des lumières d'en-haut puisées dans la prière, il sut toujours découvrir la vérité en tout, et en saisir, avec une rare habileté, le point capital. Déjà on voyait poindre l'éminent théologien, le docteur irréfragable.

J'ai dit « aidé des lumières d'en-haut puisées dans la prière », car à l'exemple des saints, il apprit plus au pied du crucifix que dans les livres. Ainsi, le jour de la Conception de Marie, en 1822, il eut pendant l'oraison de très-grandes lumières sur le Mystère de l'Incarnation et sur celui de l'Immaculée-Conception, non encore, à cette époque, définie comme dogme. A partir de ce moment, il voua à Marie conçue sans péché un culte spécial de foi et d'amour. Si plus tard, dans un mémoire célèbre publié en 1850, il fournit l'argument décisif en faveur d'une déclation dogmatique de l'Immaculée-Conception, ce travail remarquable ne fut que l'expression de la foi vouée à ce mystère par le Séminariste de 1822.

Cependant le désir d'une vie plus parfaite tourmentait sa grande âme. Encore simple sous-diacre, il rêva du Mont Cassin avec un de ses professeurs élevé par un ancien prieur bénédictin. Le projet échoua. L'heure d'embrasser la vie monastique n'avait point encore sonné.

Promu au diaconat, il dut, muni des dispenses nécessaires, car il n'avait que vingt-deux ans, se préparer au sacerdoce. Il le fit en méditant longuement, dans le Pontifical romain, les moindres détails de l'ordination du prêtre. L'onction sacerdotale lui fut conférée à Tours par Mgr de Montblanc. Ce prélat, par une permission divine sans doute, afin que le caractère énergique de l'abbé Guéranger put dès lors se révéler, oublia la première imposition des mains. Un tel oubli n'échappa point au pieux lévite. — Monseigneur, dit-il d'une voix respectueuse, mais ferme, en s'adressant à l'archidiacre, Monseigneur a oublié la première imposition des mains. — Monsieur l'abbé, répondit l'évêque un peu froissé, occupez-vous de votre affaire. —

Et qui donc plus que lui s'en occupait ? Qui mieux en comprenait l'importance ? La première imposition des mains est considérée par un très-grand nombre de théologiens comme essentielle à la validité de l'ordre. L'abbé Guéranger ne voulait pas d'un sacerdoce douteux. — Je me serais plus tôt retiré de l'Autel —, lui ai-je entendu dire. — Lisez, lisez, le Pontifical, reprit-il en s'adressant de nouveau à l'archidiacre, lisez, et vous verrez que Monseigneur a omis la première imposition des mains. — Puis, prenant le ton de la prière, et s'adressant au prélat lui-même : Monseigneur, veuillez, je vous prie, m'imposer les mains. — Il fallut céder. L'archidiacre constata l'omission, et l'ordination fut recommencée.

A peine promu au sacerdoce, le jour même de son ordination, le nouveau prêtre dirigea ses pas vers Marmoutier à une demi-lieue de Tours. Pieusement agenouillé sur les débris du grand Monastère fondé par saint Martin, l'évêque-moine, il chanta, d'une voix accompagnée de larmes, le *Rorate cœli desuper*.

Quelle prière !... En quelle circonstance !... En quel lieu !... La rosée céleste qu'il demandait aux cieux ; la germination divine qu'il implorait pour la terre, c'étaient de nouvelles générations de moines dignes par leurs vertus et par leur science de ceux des anciens jours. Mais qui les ramènera ces pieux cénobites ? Ils ont disparu, emportés comme les feuilles d'automne. Attendons, rien n'est impossible à Dieu.

Parlerai-je de la première messe célébrée par l'abbé Guéranger ?

Il monta au saint autel comme il y est toujours monté depuis, en homme de foi se proposant d'accomplir le mystère de foi. Que de grâces ce prêtre selon le cœur de Dieu n'a-t-il pas reçues du Seigneur pendant la célébration des divins mystères ? Il en est une surtout qui a fait époque dans sa vie. Mais ici une grande réserve nous est commandée. Dès qu'il s'agit de faveurs célestes sortant de l'ordre commun, des règles sévères sont imposées. A l'Église est réservé l'examen des faits extraordinaires de la vie des serviteurs de Dieu. Nul ne doit prévenir son jugement en ces matières. Couvrant donc d'un voile le fait en question, contentons-nous de dire qu'un jour, pendant l'un de ses séjours dans la Ville éternelle, notre Révérendissime Père Abbé, ayant célébré la sainte messe dans l'église de l'*Aracœli*, si chère à la piété romaine, y fut comblé de telles faveurs qu'il n'en avait point encore reçu de semblables. L'âme inondée de joie, il dit à Dieu avec action de grâces : « Un rayon de votre lumière, Seigneur, a brillé à » mes yeux ! Comme une flèche, il a brisé mon cœur. »

II.

Ce que nous avons admiré jusqu'à présent, mes frères, dans la vie de notre Révérendissime Père, n'a été en quelque sorte, qu'un épanouissement de fleurs printanières ; et, bien que nous puissions dire, en empruntant le langage de l'Épouse des Cantiques, que ces premières fleurs sont aussi des fruits, même des fruits de grâces et d'honneur, le chapitre néanmoins des œuvres nous reste à raconter.

Infatigable au travail, l'abbé Guéranger, dans ses promenades de vacance emportait chaque jour un livre d'histoire ou de matières ecclésiastiques et ne rentrait qu'après l'avoir lu assez pour le posséder. Ce travail excessif avait ébranlé sa santé. Mû par ce motif, mais surtout par sa paternelle bienveillance pour le jeune prêtre, perle déjà et gloire de son clergé, Monseigneur de la Mire, évêque du Mans, l'un des membres de la dernière assemblée générale du clergé, se l'attacha en qualité de secrétaire particulier. Si étroits devinrent les liens, que la mort seule du vénérable prélat les put rompre. Quand l'illustre successeur de saint Julien en effet se démit de la charge épiscopale, l'abbé Guéranger dut le suivre dans sa retraite, avec la double qualité de chapelain et de confesseur.

Divine Providence, vous ménagiez ainsi à notre Père, par une position exceptionnelle, des loisirs nécessaires pour de nouvelles études. Inutile de dire s'il en profita. Tout le temps libre cependant ne fut pas consacré aux vieux livres des grandes bibliothèques. Il y avait chaque année un temps pour l'apostolat, et il durait plusieurs mois.

On trouve çà et là, dans les fertiles plaines de la Champagne et dans les contrées verdoyantes des environs de Meaux, plusieurs châteaux appartenant à des membres de la famille de Monseigneur de la Mire. L'ancien évêque du Mans ne manquait jamais de s'y rendre chaque année. C'était pour l'abbé Guéranger l'époque des travaux apostoliques. Muni d'amples pouvoirs des Ordinaires de Troyes et de Meaux, il allait de chapelle en chapelle, d'église en église, de paroisse en paroisse, instruisant, confessant, administrant les sacrements, se faisant le pasteur des populations sans pasteurs, car dans ces deux diocèses grande était la disette de prêtres. Ses travaux furent bénis: un très-grand nombre de mariages nuls, en particulier, furent validés.

La mort de l'illustre prélat mit fin à la carrière apostolique de l'abbé Guéranger. L'heure des grands combats approchait.

« Dieu, écrivait, il n'y a que peu de jours, Monseigneur de Ladoue, se réserve au milieu de chaque génération, des hommes de sa droite. Dom Guéranger fut, dans la France du XIXe siècle, un homme de la droite de Dieu ». Eh bien ! l'heure était venue pour lui d'entrer en lice. Mais il importait à sa mission providentielle qu'il demeurât quelques temps à Paris. Un vénérable curé de la capitale, Monsieur Desgenettes, alors curé des Missions étrangères et plus tard de Notre-Dame-des-Victoires, le demanda et l'obtint pour vicaire.

La révolution de 1830 trouva l'abbé Guéranger parmi les vigoureux défenseurs de la liberté religieuse de l'avenir ; et, lorsque l'encyclique de Grégoire XVI, en condamnant les erreurs de l'auteur des *Paroles d'un Croyant*, eut séparé l'ivraie du bon grain, il entrepit pour l'Eglise ces grands combats auxquels sa main n'avait fait que commencer de s'exercer encore, mais qui allaient remplir désormais sa vie toute entière.

Nous touchons à une periode d'héroïsme. Que n'ai-je pour la raconter de sublimes accents ! J'ai à dire, en peu de mots, le rétablissement de l'Ordre des Bénédictins en France ; la gloire du monastère de Solesmes plus grande que celle dont il avait brillé à la plus belle époque de son histoire. J'ai à vous montrer la nouvelle abbaye devenue, selon les énergiques expressions d'un contemporain, « la citadelle de la li-« turgie romaine, la forteresse sur laquelle flotte le drapeau « de la Monarchie pontificale ; le rempart qui soutient de « si grands combats contre les erreurs contemporaines » (E. Cartier) ; mais pour raconter de telles merveilles, œuvres de notre Révérendissime Père, il nous faudrait être un « Rhône d'éloquence », comme le fut autrefois Saint-Hilaire et comme l'est de nos jours son illustre successeur, Monseigneur Pie, qui, en ce moment même, tient suspendu à ses lèvres, dans l'église abbatiale de Solesmes, un auditoire d'élite, avide d'entendre de sa bouche d'or ces grandes choses.

L'éloquence nous fait défaut, que la piété filiale y supplée !

Souvenez-vous, mes frères, des visites de Prosper Guéranger enfant au cloître silencieux et désert de Saint-Pierre de Solesmes. Rappelez-vous le chant du *Rorate* au milieu des ruines de Marmoutier. Tout cela annonçait l'homme de la droite de Dieu pour le rétablissement des Ordres religieux en France. Ce fut, en effet, la première conquête tentée et obtenue par Dom Guéranger.

Le 11 juillet 1833, fête de la translation du grand patriarche des moines en Occident, après d'innombrables difficultés surmontées, l'église de Saint-Pierre de Solesmes fut réconciliée et les successeurs des anciens Bénédictins en reprirent la règle.

« Ce fut par la foi, dit le grand apôtre, en parlant du Père des croyants, que celui que nous nommons Abraham obéit à Dieu en se rendant dans la terre qu'il lui promettait en héritage. Ce fut par la foi qu'il séjourna dans la terre de promission comme dans une terre étrangère, habitant dans de petites cases *(in casulis)* avec Isaac et Jacob, cohéritiers de la même promesse » (Hebr. XI. 8, 9). — Cet éloge convient à Dom Guéranger et à ses premiers compagnons. Ce fut par la foi qu'ils se rendirent ensemble dans l'ancien prieuré de Solesmes comme dans une terre promise. Ce fut par la foi qu'ils habitèrent dans de petites cellules, non pas, il est vrai, comme des étrangers, mais comme des pauvres manquant de tout, et n'attendant rien du monde pour lequel ils étaient un objet de railleries sacriléges et d'un mépris non dissimulé.

Rudes et longues furent les premières épreuves. Dieu seul en sait le nombre et en a connu l'amertume. Après quatre ans, le 14 juillet 1837, le sceau fut mis enfin à la restauration Bénédictine par l'approbation du Saint-Siége. Grégoire XVI, par le Bref « *Innumeras inter* » approuva les constitutions de Solesmes, érigea le prieuré en abbaye et y créa le siége d'une famille monastique sous le nom de Congrégation de France de l'Ordre de Saint-Benoit, affiliée au mont Cassin ».

Qui obtint du Saint-Siége ce bref important ? Qui fit dans ce but les démarches nécessaires ? Dom Guéranger. A lui toute la gloire ! L'honneur à lui !... Plus que tout autre, il méritait donc la dignité abbatiale. Il émit ses vœux à Rome, au monastère de Saint-Paul-hors-les-murs, et y fut institué premier abbé de Saint-Pierre de Solesmes.

Le beau jour dans les fastes de Solesmes que celui du retour de ce Père vénéré ! Son entré fut triomphale, mais son humilité n'en parut que plus grande ! Tous l'accueillirent avec des larmes de joie comme l'envoyé du Seigneur.

Il reçut la profession religieuse de ses frères et se montra dès lors le char d'Israel et son conducteur.

Sous le nom d'Israel, je désigne la Congrégation Bénédictine de France. Dom Guéranger en fut le char et le conducteur par son zèle à en former tous les membres aux vertus monastiques et aux sciences sacrées.

L'abbé, selon la régle de Saint-Benoit, ne doit pas être seulement le supérieur des moines du monastère auquel il est préposé, mais leur Père. Il est réputé tenir parmi eux la place du Christ lui-même, cemme il en porte le titre, d'après ces paroles de l'apôtre : « Vous avez reçu l'esprit d'adop-« tion des enfants, par lequel nous crions : *Abba*, c'est-à-dire Père » (Rom : VIII, 15.)

Non, mes frères, pas de monastères où le Christ ne soit représenté par le Pasteur qui en tient la place comme dans l'Eglise. Dans les sociétés civiles même, J.-C., roi immortel des siècles, tient à être représenté, afin de rendre l'obéissance des peuples aux chefs des états plus facile et plus noble. Heureux les peuples et les rois tant qu'ils l'ont compris ! Aujourd'hui les royaumes sont agités et la société entière ébranlée parce qu'on ne le veut plus comprendre. « C'est par moi, dit le Seigneur, que règnent les rois et que les législateurs portent des ordonnances justes ». De là le sacre des Rois, institué par l'Eglise, non seulement pour rappeler le souvenir de Dieu, mais pour nous enseigner que les princes, dans l'idée chrétienne, tiennent la place même du Christ à qui seul a été donné toute puissance au ciel et sur la terre. Mais si le Christ a voulu être représenté jusque dans les sociétés civiles, ne doit-il pas l'être à plus forte raison dans le monastère, partie choisie de sa bergerie ? Un nom particulier, unissant à l'idée de supériorité celle de paternité, le nom d'abbé, y désigne le représentant du Christ. Tous les moines sont les enfants spirituels de l'abbé. Tous doivent révérer en lui le Christ dont il tient la place. Tous lui doivent obéir comme au Christ. De son côté, l'abbé doit se souvenir du nom qu'il porte, et le réaliser dans toutes ses actions. Tout dans son enseignement, dans ses ordres, dans ses prescriptions doit être conforme aux préceptes divins. Ses ordonnances et ses enseignements doivent se répandre dans les âmes de ses disciples comme le levain de la divine justice.

Est-ce ainsi, mes frères, que Dom Guéranger a été abbé ? Oui ; ses enfants lui en rendent l'unanime témoignage. Nul, excepté eux, ne saura à quel degré il était père. Tous se savaient aimés de lui. Chacun s'en pouvait croire singulièrement aimé ! Il fallait le voir chaque jour, à l'heure de la conférence, assis sur son siége abbatial, avec sa couronne de cheveux blancs, son front haut, son visage fin, ses yeux vifs, son sourire gracieux ! Tous le ragardaient d'un regard filial. Suspendus à ses lèvres, ils l'écoutaient sans perdre une syllabe, car en même temps qu'il était père, il était docteur. Nous l'écoutions donc, et ses paroles substantielles tombaient sur nos cœurs comme la rosée du matin sur l'herbe tendre ; elles nous éclairaient comme les rayons de l'aurore illuminent la terre, en chassant la nuit sombre ; elles nous échauffaient comme échauffent les feux du Midi. Combien paraissaient courts les instants consacrés à la conférence ! Tous eussent voulu la prolongation de si délicieux entretiens ! Nous éprouvions les impressions suaves de sainte Scholastique recueillant avec avidité les célestes enseignements de Saint-Benoit.

Et de quoi s'agissait-il dans ces entretiens intimes ?

Tantot des vertus monastiques auxquelles il nous excitait. Tantôt de la sainte Liturgie et du Cycle sacré des fêtes chrétiennes qu'il nous expliquait, en nous les faisant aimer. Tantôt des erreurs modernes contre lesquelles il ne cessait de nous prémunir. Mais ce qu'il se proposait avant tout, c'était de faire de ses moines des hommes de Dieu, éminents en sainteté et en doctrine, prêts à se sacrifier pour l'Eglise, et d'un devouement sans bornes pour les droits sacrés du Saint-Siége. « Notre mission, disait-il, est de faire refleurir, dans la mesure de nos forces, la science de l'antiquité ecclésiastique ; de raviver les saines doctrines (hélas ! trop oubliées) sur les droits du siége apostolique et de la liturgie sacrée ; d'affirmer avec une constance inviolable contre tous les novateurs les décrets des Pontifes romains ».

Ainsi parlait-il. Et vous savez, mes frères, initiés comme

vous l'êtes à ses luttes et à ses combats, s'il a jamais démenti par ses actes ce qu'il nous a enseigné par sa parole. Le Seigneur l'avait vraiment formé pour les bons combats. Depuis les premiers articles écrits dans le *Mémorial catholique*, pour la restauration de la liturgie de Rome, jusqu'à la Monarchie pontificale, véritable chef-d'œuvre publié pendant le Concile du Vatican, à la grande joie des Pères du concile, qui y trouvèrent condensée, en quelques pages, toute la tradition catholique sur les prérogatives du suprême Hiérarque, quelle chaîne d'or, mes frères, d'ouvrages merveilleux !

Eglise de France, que ne lui dois-tu pas ? Quand, au XVI° siècle, plusieurs nations de l'Europe furent précipitées dans l'hérésie par une révolte insensée, ô France, ma patrie ! tu résistas au torrent dévastateur ; mais, après avoir triomphé du protestantisme, tu glissas hélas ! sur une pente funeste, aboutissant a des abîmes, la pente du gallicanismes. L'influence délétère des doctrines gallicane se révéla bientôt dans les diverses parties de l'ordre surnaturel ; les vérités catholiques furent amoindries ; l'histoire de l'Eglise faussée ; les grands Pontifes du moyen-âge indignement calomniés ; les règles canoniques méconnues ; et, chose plus triste encore ! la prière publique, cet instrument principal, a dit Bossuet, de la tradition de l'Eglise, la prière publique, âme et vie de la société chrétienne, altérée. O France, lancée sur cette pente fatale, tu courais donc à des abîmes, car « l'abîme, a dit l'Esprit-Saint, appelle l'abîme : *Abyssus abyssum invocat* ».

Oui, le péril était grand, d'autant plus grand que toujours il était allé augmentant. Mais Dieu aime les Francs, il ne devait pas délaisser la France, la fille aînée de son Eglise. A l'heure marquée, lorsque le flot, toujours montant, paraissait devoir tout submerger, vint soudain le secours. Or, ce secours, préparé à la France du XIX° siècle par la divine Providence, n'était autre, mes frères, que le zèle éclairé et actif, la science profonde et le courage invincible du Révérendissime abbé de Solesmes. Une sainte croisade fut formée, à laquelle prirent part tous les fils de l'Eglise les plus dévoués au Saint-Siége. Dom Guéranger en devint l'âme. Il fut le Pierre l'Hermitte de cette levée de boucliers d'un genre nouveau. Terribles et nombreux furent les combats, glorieuses les victoires. Après les Origines Romaines dédiées à Mgr de Quélen, archevêque de Paris, parut le premier, puis le second volume des Institutions Liturgiques. Dès lors la déroute commença dans le camp gallican. Que d'illusions disparurent alors !... Que de préjugès tombèrent !... On comprit, ce que l'on s'était obstinément refusé de croire, qu'une révolution complètement irrégulière s'était faite dans la Liturgie, en France, au XVIII° siècle. Les liturgies nouvelles, marquées au coin de l'individualisme, ces liturgies nées d'hier que les optimistes avaient osé nommer « une aimable variété dans l'unité », n'apparurent plus que comme la confusion de Babel. On se demanda avec frayeur comment, sous l'influence Janséniste, on avait pu, sans souci pour les formules saintes consacrées par les siècles, sans tenir compte ni de l'autorité des Pontifes Romains qui les prescrivaient en vertu de l'obéissance, c'est-à-dire sous peine de péché mortel, ni de l'antiquité qui les rendait si vénérables, ni de l'unité qu'elles resserraient si étroitement entre les églises particulières et l'église mère et maîtresse, comment, dis-je, on avait pu, dans chaque diocèse (Marseille, tu fis une heureuse exception), se faire une liturgie à part ? Il y eut donc un grand réveil en France. Le résultat de ce réveil ? C'est qu'il n'y a plus aujourd'hui un seul diocèse qui n'ait repoussé les liturgies gallicanes, Bénissons-en le Seigneur, M. F., mais rendons aussi un juste hommage à l'auteur, après Dieu, de ce magnifique triomphe. Gloire à Dom Guéranger !

Avoir fait recouvrer à la France catholique l'insigne bienfait de prier dans les mêmes formules que l'Eglise mère et maîtresse, c'était beaucoup. Dom Guéranger le regarda comme trop peu, il voulut faire aimer la liturgie romaine ; en révéler les beautés et les harmonies ; en faire apprécier et goûter les saintes suavités. Tel fut le but de l'*Année liturgique*, livre incomparable auquel il a consacré ses travaux et ses veilles, « dans lequel, dit un illustre prélat, il a versé toute son âme, et qui restera dans l'Eglise comme une source de foi et de piété ».

Passons à l'essai sur le naturalisme contemporain dans l'histoire.

A la joie de voir enfin la France arrachée à l'erreur gallicane, succéda hélas ! pour notre Révérendissime Père la crainte trop fondée de la voir sombrer, si elle n'était soutenue encore, sur le récif du libéralisme.

« Nous sommes tout Romains », avait écrit Dom Guéranger au début de sa carrière militante pour la défense de l'Eglise. Beaucoup firent écho à sa parole, et redirent après lui : « Nous sommes tout Romains », c'est-à-dire nous prions, nous croyons, nous pensons comme Rome. Mais, faisant ensuite volte-face, ils arborèrent un autre drapeau sur lequel ils écrivirent : « Catholicisme libéral ! »

L'école catholique libérale, qu'est-ce ? C'est une école de faux sages qui, pleins d'eux-mêmes, oublient que l'Esprit-Saint éclaire, inspire et dirige l'Eglise. Voulant plaire à l'esprit du siècle, les membres de cette école de pestilence ont pris à tâche d'amoindrir les gloires catholiques du passé en les réduisant aux mesquines proportions du naturalisme. Aisément ils méconnaissent le côté surnaturel des évènements humains, ou même le nient. La main de la Providence se révélant, d'une manière miraculeuse, dans la conversion du monde païen, par l'Eglise empourprée du sang de quatorze millions de martyrs, les offusque. Ils prétendent tout expliquer en histoire par des causes purement naturelles, comme, en matière de dogme et de morale, ils s'efforcent de concilier ce que Jésus-Christ et l'Eglise déclarent inconciliable. En vain le Pape, sentinelle vigilante, leur crie : « Vous faites fausse route ! » ils s'obstinent et prétendent en remontrer à celui à qui a été donnée la charge de paître et de régir tout le troupeau. Ainsi agissaient les Jansénistes. Loups ravissants, couverts de peaux de brebis, ils doivent être évités. Prenons garde, mes frères, au levain des Pharisiens. *Cavete a fermento pharisæorum.*

Or, un livre auquel le nom et le talent de son auteur donnaient une importance très-grande, parut à notre Révérendissime Père appliquer, dans une certaine mesure, au récit de l'établissement du Christianisme, les faux principes de l'Ecole libérale. Une part beaucoup trop large y était faite à l'élément naturel, et au surnaturel, au contraire, une part beaucoup trop étroite. L'apparition de ce livre devenait un danger, car il pouvait entraîner une partie de l'école catholique dans la voie funeste du naturalisme. Dom Guéranger prit en main la défense du miracle. Le combat, comme toujours, fut pour lui suivi de la victoire.

Hélas ! mes frères, celui qui a tant aimé l'Eglise, celui dont la vie et les œuvres ont été si admirables, il n'est plus !..

Il n'est plus !... O douleur !... Le fruit était déjà mûr pour le ciel, les anges ont reçu l'ordre de le cueillir. Le bon grain jeté en terre avait produit au centuple, la moisson ne devait pas être différée. Les cinq talents confiés par le Roi au bon serviteur en avaient produit cinq autres, la récompense promise devait être donnée.

Il n'est plus !... Quel deuil !... Il est universel !... « J'ai perdu un ami dévoué, a dit sa Sainteté Pie IX en apprenant la mort de notre Révérendissime Père, et l'Eglise un grand serviteur ». — Le monde chrétien tout entier, à la nouvelle de sa mort, s'est ému. « Une voix, pouvons-nous dire avec Mgr d'Outremont, une voix a été entendu en Rama, c'est-à-dire dans l'Eglise, voix accompagnée de gémissements et de larmes ; Rachel pleure, elle est inconsolable, parce que son fils de prédilection n'est plus, et, qu'avec lui, une brillante lumière s'est éteinte pour jamais ».

Pleurez, routes de Sion, chemins qui conduisez à Solesmes; désormais vous ne verrez plus, comme par le passé, accourir chaque année de l'Orient et de l'Occident, du Nord et du Midi, les célébrités de l'Europe et les sages en Israël, avides de voir et d'entendre ce nouveau Salomon.

Pleurez, vous surtout, filles de Sion, je veux dire colonies monastiques de l'Abbaye-Mère, Abbaye de Saint-Martin de Ligugé, juste récompense de la dévotion de notre grand abbé envers l'Evêque-Moine ; — Prieuré de Sainte-Magdeleine, qui avez reçu la dernière visite de ce Père vénéré, et qu'il a béni avec tant de tendresse. — Et vous, Abbaye-sœur, monastère de Sainte-Cécile, tout particulièrement cher à son cœur, pleurez.

Non; il n'est plus celui que nous entourions de tant de respect et d'amour !... La mort, la cruelle mort nous l'a ravi.... Mais qu'elle a été belle sa dernière heure !... Puissent nos derniers moments ressembler aux siens, ô mon Dieu !

Il s'est éteint comme un lampe qui n'a plus d'huile. Rien de plus doux, rien de plus calme que son agonie. On eût dit un sommeil interrompu par des élévations de l'âme vers Dieu. Quelques mots de la prière du prêtre à l'autel, après l'oblation du calice, furent entendus sur ses lèvres : « En « esprit d'humilité et avec un cœur contrit, que nous soyons « reçu de vous, Seigneur, et qu'ainsi s'accomplisse si bien en « votre présence notre sacrifice aujourd'hui, qu'il vous soit « agréable, ô Seigneur notre Dieu ! » *In spiritu humilitatis*, etc.

C'était l'acceptation de la mort avec les sentiments les plus parfaits. Dieu n'en demandait pas davantage.

Une dernière fois le sang de l'agneau sans tache purifia l'âme déjà si pure du pieux mourant. La communauté à genoux récitait en larmes les prières de l'agonie. Quand le confesseur leva la main pour la dernière absolution, on en était à cette invocation :

Sancta Cœcilia, ora pro eo
Sainte-Cécile, priez pour lui.

La sainte des catacombes, dont il a écrit la vie avec tant de suavité et de grâces, le prenait sous sa protection au moment suprême. La Vierge de l'harmonie lui devait déjà faire entendre quelque chose des célestes concerts.

Une autre voix, pensons-nous, celle du divin Rénumérateur, dut aussi se faire entendre à lui. A diverses reprises, en effet, on recueillit sur les lèvres de notre père expirant, ces mots, écho d'une voix d'u ciel : « *Intra, intra*, entrez, entrez », et l'on achevait le texte : « Entrez dans la joie de votre Seigneur et de votre Dieu » : *Intra in gaudium Domini tui.*

Déjà, un peu auparavant, la bénédiction du souverain Pontife était arrivée, gage de celle du Juge suprême.

Le dernier moment approchait. Dom Guéranger, ne le craignait pas. En sentant approcher la mort, il l'avait saluée avec amour, en commandant le *Te Deum*. L'action de grâces commencée sur la terre se continue, nous l'espérons, au ciel.

MONSEIGNEUR,

Avant de descendre de cette chaire, je dois vous renouveler mes actions de grâces. Je n'oublierai jamais, Monseigneur, la dernière entrevue de votre Grandeur avec notre Révérendissime Père, et je bénis Dieu d'y avoir été présent. Pressentant sa fin prochaine, il vous remercia de vos bonté pour ses enfants du Prieuré de Sainte-Magdeleine, et il vous pria d'être toujours pour eux un Père, nous reccommandant à nous de seconder Votre Grandeur dans tout ce qu'elle désirerait pour la gloire de Dieu et pour le bien de son Diocése.

Nous comptons, Monseigneur, sur votre protection paternelle. Vous pouvez compter sur notre filial dévouement.

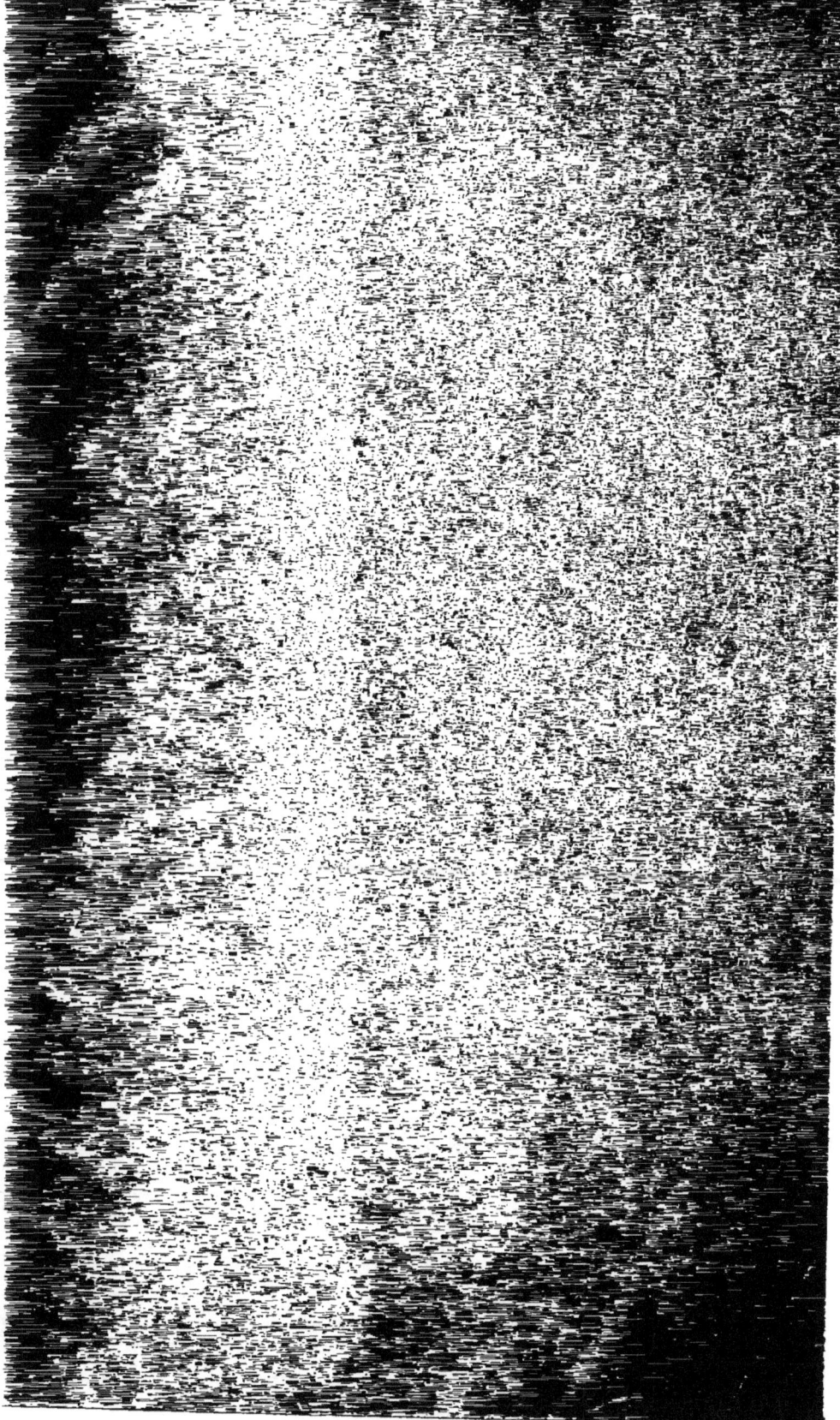

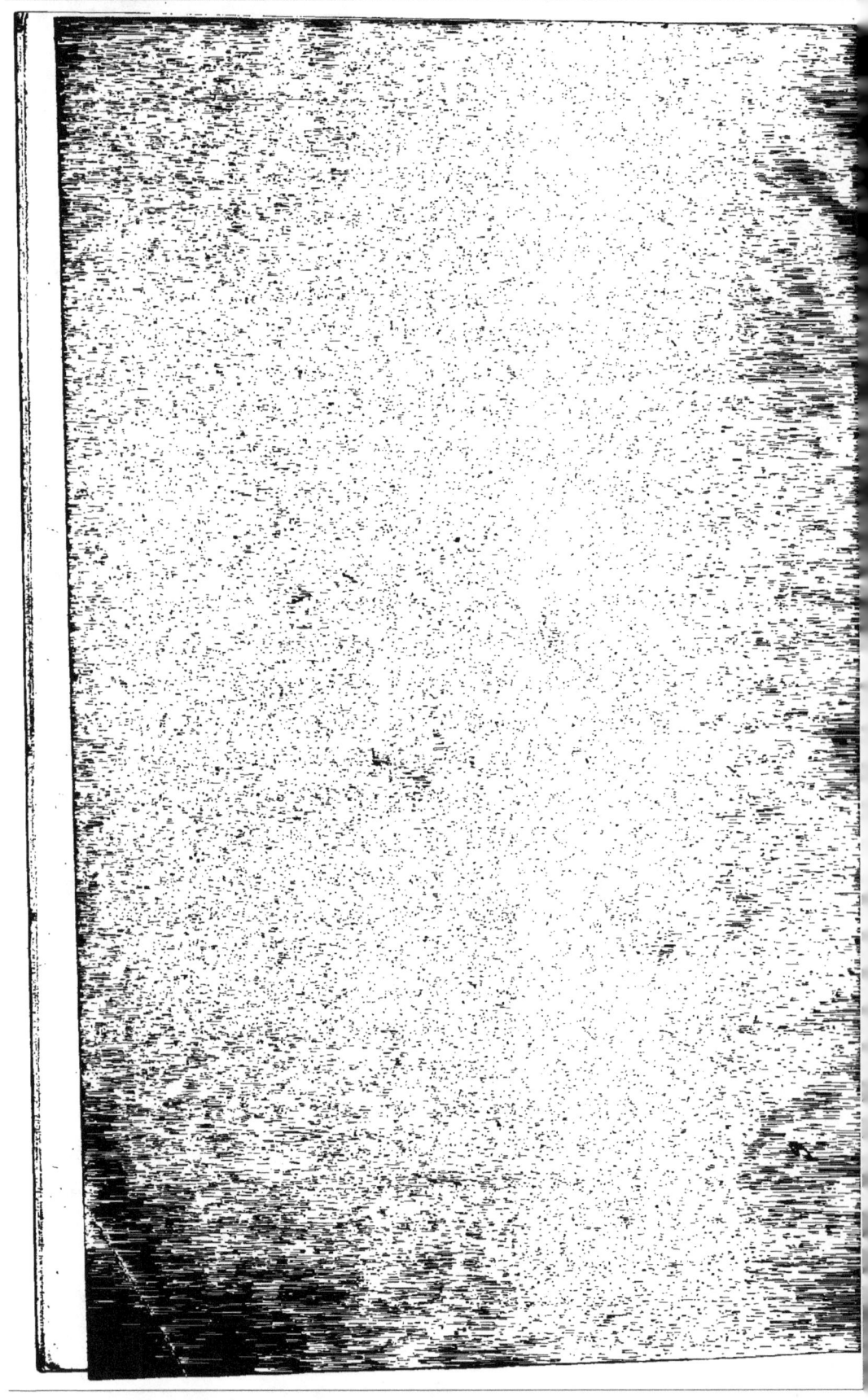

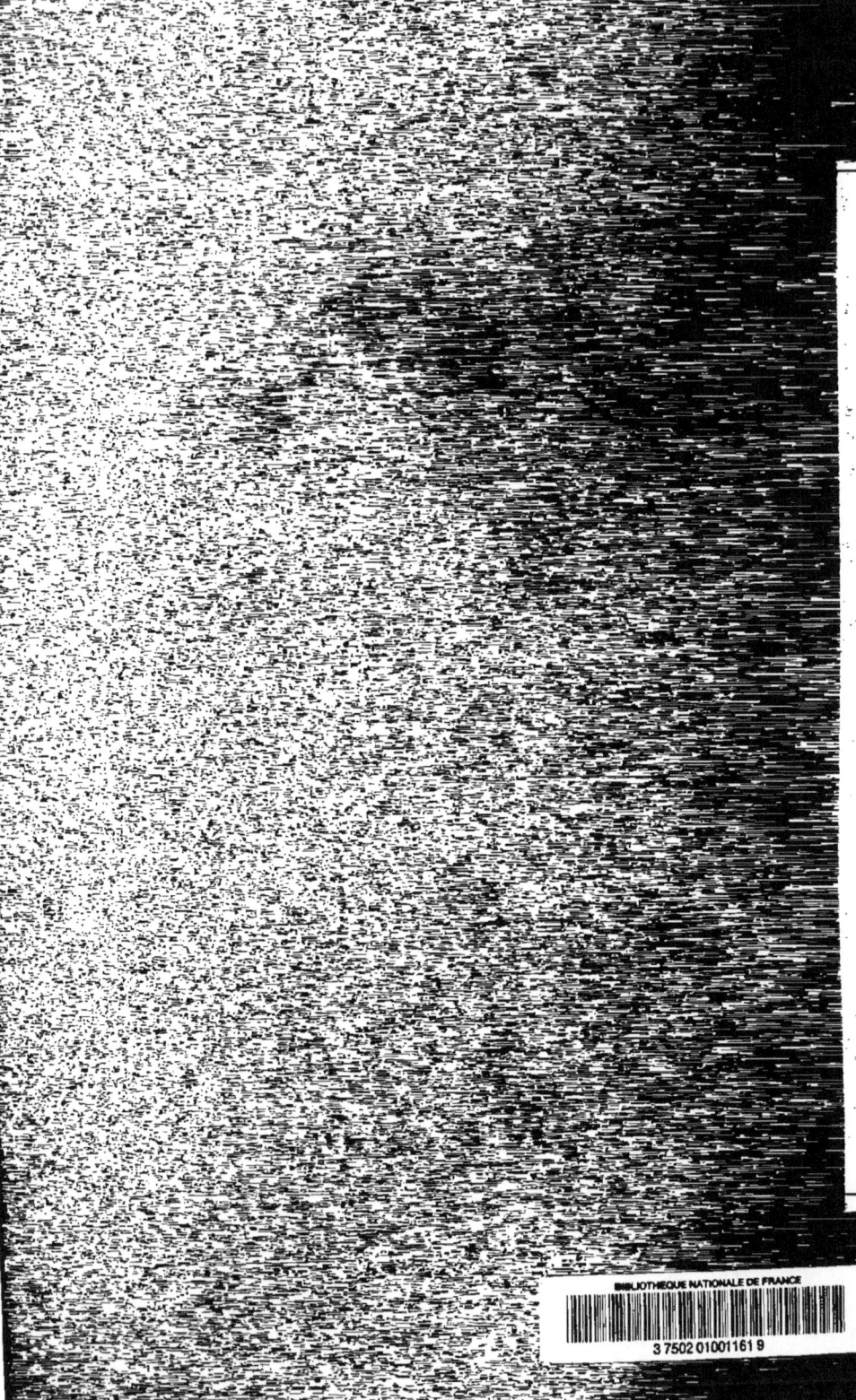

www.ingramcontent.com/pod-product-compliance
Lightning Source LLC
Chambersburg PA
CBHW060902050426
42453CB00010B/1539